BEI GRIN MACHT SICH IHR WISSEN BEZAHLT

AF136961

- Wir veröffentlichen Ihre Hausarbeit,
  Bachelor- und Masterarbeit

- Ihr eigenes eBook und Buch -
  weltweit in allen wichtigen Shops

- Verdienen Sie an jedem Verkauf

Jetzt bei www.GRIN.com hochladen und kostenlos publizieren

Wie beurteilt man eine Website? Entwicklung und Anwendung eines Scoring-Modells

Dirk Kutschki

Bibliografische Information der Deutschen Nationalbibliothek:

Die Deutsche Nationalbibliothek verzeichnet diese Publikation in der Deutschen Nationalbibliografie; detaillierte bibliografische Daten sind im Internet über http://dnb.d-nb.de abrufbar.

ISBN: 9783346406903
Dieses Buch ist auch als E-Book erhältlich.

© GRIN Publishing GmbH
Nymphenburger Straße 86
80636 München

Alle Rechte vorbehalten

Druck und Bindung: Books on Demand GmbH, Norderstedt Germany
Gedruckt auf säurefreiem Papier aus verantwortungsvollen Quellen

Das vorliegende Werk wurde sorgfältig erarbeitet. Dennoch übernehmen Autoren und Verlag für die Richtigkeit von Angaben, Hinweisen, Links und Ratschlägen sowie eventuelle Druckfehler keine Haftung.

Das Buch bei GRIN: https://www.grin.com/document/1012219

WIN33 Assignment-Testat

Dirk Kutschki

Datum: 23.03.2021

Inhaltsverzeichnis Seite

Inhaltsverzeichnis I
Abbildungsverzeichnis III

1. Einleitung in das Thema 1
   1.1 Problemstellung 1
   1.2 Ziel der Arbeit 1
   1.3 Aufbau der Arbeit 1
   1.4 Vorstellung Beviable Business Transformation 2

2. Bewertungskriterien und Scoring-Modell 2
   2.1 Content 3
   2.1.1 Textlicher Content 4
   2.1.2 Bildhafter Content 4

   2.2 Design 4
   2.2.1 Strukturierung 4
   2.2.2 Wahrnehmungsgesetze 4
   2.2.3 Farben 5
   2.2.4 Typografie 5

   2.3 Usability 6
   2.3.1 Navigation 6
   2.3.2 Barrierefreiheit 6
   2.3.3 Responsivität 7
   2.3.4 Technische Aspekte 7

   2.4 Suchmaschinenoptimierung 7

3. Methodik zur Erstellung des Scoring-Modell 8

4. Bewertung der Website 9

   4.1 Ergebnisse der Website-Analyse 10

   4.2 Optimierungsmöglichkeiten für die ermittelten Problembereiche der Website 12

   4.2.1 Handlungsempfehlung für den Bereich Content 12

   4.2.2 Handlungsempfehlung für den Bereich Design 12

   4.2.3 Handlungsempfehlung für den Bereich Usability 12

   4.2.4 Handlungsempfehlung für den Bereich Suchmaschinenoptimierung 12

5. Kritische Betrachtung 12

6. Fazit 13

7. Ausblick 13

Quellenverzeichnis III

Abbildungsverzeichnis

Abbildung 1: Website von Beviable Business Transformation 2

Abbildung 2: Bewertungsmatrix für die Website www.beviable.de 9

Abbildung 3: SWOT Analyse für die Website www.beviable.de 11

1 Einleitung in das Thema

Die Digitalisierung revolutioniert unser Leben und unsere Arbeitswelt in einem atemberaubenden Tempo. Was vor einigen Jahren noch undenkbar oder zumindest nicht umsetzbar erschien, wird heute in der Realität als selbstverständlich wahrgenommen. Die Entwicklung des Internet hat daran einen maßgeblichen Anteil. Die Anzahl der Internetnutzer in Deutschland haben sich von 4,1 Millionen im Jahr 1997 auf 66,4 Millionen im Jahr 2020 exponentiell erhöht.[1] Darüber hinaus hat der technische Fortschritt zum sogenannten Breitband-Internet die Übertragungsgeschwindigkeiten signifikant erhöht. Ein weiterer Aspekt ist die zunehmende mobile Nutzung des Internet. War noch in den Anfängen der Mobiltelefone das Internet auf diesen Geräten nicht verfügbar und im nächsten Schritt nur mit sehr langsamen Datenverbindungen, unterstützen heute praktisch alle Handys die neueste Technologie des Mobilfunkstandards LTE beziehungsweise 4G.[2] Diese Mobilfunkstandards machen auch datenintensivere Anwendungen möglich. So lassen sich auch unterwegs die Annehmlichkeiten und Komfortfunktionen des Internets in all ihrer Vielfalt zu nutzen.

1.1 Problemstellung

Der digitale Wandel, die technologischen Entwicklungen verändern die Art wie sich Menschen informieren und wie wir konsumieren. Ein Unternehmen ohne Internetauftritt, ohne Website ist heutzutage undenkbar geworden und wäre nicht mehr wettbewerbsfähig. Die Menschen googeln nach Informationen, nach Dienstleistungen und nach Produkten. Ist das Unternehmen nicht im Internet vertreten, werden potenzielle Käufer nicht zu Kunden werden können. Aus Sicht der Kaufwilligen ist ein im Internet nicht vertretenes Unternehmen schlicht nicht vorhanden. Wie muss ein Internetauftritt, eine Website eines Unternehmens aufgebaut sein und welche Qualitätsmerkmale sollte sie beinhalten, damit die Website im Internet gefunden und der potenzielle Kunde mit seinen Bedürfnissen befriedigt und begeistert wird? Diese Frage gilt es für Unternehmen zu beantworten.

1.2 Ziel der Arbeit

Diese Arbeit analysiert und bewertet eine Website systematisch und identifiziert Problembereiche. Anschließend werden Optimierungsmöglichkeiten der Website dargestellt und konkrete Handlungsempfehlungen für Verbesserungen gegeben.

1.3 Aufbau der Arbeit

Zunächst wird eine Website ausgewählt, die im Anschluss systematisch analysiert wird. Für diese Analyse wird ein einfaches Scoring-Model mit einigen Betrachtungsdimensionen entwickelt, die Methodik erläutert und die Bewertung anhand des Scoring-Model durchgeführt. Die Ergebnisse werden textlich und in Form eines Stärken-Schwächen-Profils dargestellt. Für die Problembereiche der Website werden Handlungsempfehlungen gegeben. Es folgt eine kritische Betrachtung möglicher methodischer Probleme der gewählten Systematik. Am Ende der Arbeit wird ein Fazit gezogen und ein Ausblick gegeben.

---

[1] Vgl. https://de.statista.com/statistik/daten/studie/36146/umfrage/anzahl-der-internetnutzer-in-deutschland-seit-1997/
[2] Vgl. https://www.wissenschaft.de/technik-digitales/die-entwicklung-des-internets/

1.4 Vorstellung Beviable Business Transformation

Beviable Business Transformation ist ein junges Beratungsunternehmen aus Ebermannstadt in der Fränkischen Schweiz. Das Unternehmen bietet Beratungs- und Unterstützungsdienstleistungen in den Bereichen Konfliktlösungen für Unternehmen, Changemanagement und Mentoring an. Die angebotenen Leistungen werden sowohl in Präsenzform als auch online angeboten.

Anmerkung der Redaktion: Abbildung 1 wurde aus urheberrechtlichen Gründen entfernt.

Abbildung 1: Website von Beviable Business Transformation[3]

2 Bewertungskriterien und Scoring-Modell

Die Website des Unternehmen Beviable Business Transformation soll auf Optimierungspotential untersucht werden. Um die ausgewählte Website www.beviable.de systematisch bewerten zu können, wird ein einheitliches Bewertungsschema benötigt. Subjektive Wahrnehmungen müssen für eine Vergleichbarkeit messbar gemacht werden, es müssen sowohl qualitative als auch quantitative Bewertungskriterien gefunden werden.

„Scoring-Modelle oder Punktbewertungsmodelle sind systematische Verfahren zum Vergleich und zur Bewertung von Produktideen, Produkten, Lieferanten, Projekten oder ähnliches. Alle entscheidungsrelevanten Kriterien werden dabei aufgelistet und gewichtet, die jeweiligen Ausprägungen der Merkmale werden mit Hilfe von Punktzahlen beurteilt. Mit Scoring-Modellen

---

[3] https://beviable.de/

versucht man, qualitative Faktoren und subjektive Erwartungen zu quantifizieren und vergleichbar zu machen."[4] Die Auswahl der Bewertungskriterien erfolgt durch den Autor dieser Arbeit auf Grundlage der Ausführungen von Meidl 2014. Die grundlegenden Erfolgsfaktoren für eine Website sind Content, Usability und Design. Webseiten ziehen durch qualitativ hochwertigen Inhalt, gute Strukturierung und Übersichtlichkeit sowie eine einfache und intuitive Bedienung die User in ihren Bann.[5] Zu den drei genannten Bewertungskriterien wird noch die Suchmaschinenoptimierung ergänzt, da das Finden der Website www.beviable.de über Suchmaschinen einen wesentlichen Erfolgsfaktor darstellt. Folgend werden die vier ausgewählten Bewertungskriterien ausführlich dargestellt und im Kapitel 3 die Methodik bei der Erstellung des Scoring-Modell erläutert.

2.1 Content

Content bedeutet in den deutschen Sprachgebrauch übersetzt Inhalt. Dieser Inhalt bezieht sich im Rahmen der Arbeit auf die zu analysierende Website. Es geht um Text, aber auch um Bilder, Grafiken, Videos, Musikdateien oder Ähnliches. Diese Inhalte müssen dem Besucher der Website einen Mehrwert bieten, sonst wird die Website schnell wieder verlassen. Der Content sollte zielgruppengerecht und zielorientiert gestaltet sein. Im Idealfall wird vor Content-Erstellung mittels einer Content-Strategie ein Fahrplan für die Inhalte der Website erstellt. In dieser Strategie finden wichtige Meilensteine wie die Zielgruppendefinition mit Personas, Festlegung der Ziele und Markenpositionierung statt. Es ist sicherzustellen, dass den Besuchern der Website in allen Phasen des Aufenthalts, der sogenannten Customer Journey relevante und verständliche Inhalte in geeigneter Form angeboten werden.[6] Darüber hinaus ist Content seit einigen Jahren einen wichtigen Einfluss auf die Positionierung einer Website bei Suchmaschinen. „Zum einen wird die gesamte Seite darauf geprüft, wie viel interessanten Inhalt die Seite zum eingegebenen Keyword vorrätig hält, zum anderen bieten entsprechende Angebote die Möglichkeit Besucher zum längeren Aufenthalt und Interaktionen wie zum Beispiel das Teilen von Links, das Schreiben von Kommentaren oder ähnlichen auf der Seite zu bewegen. Die Länge der Aufenthaltsdauer, das Klicken auf Links im Text oder im Menü und auch das Interagieren fließen wiederum in das Ranking der Webseite in den Suchergebnissen ein. Dabei gilt: Je länger der User auf der Seite ist, je aktiver er sich mit den Inhalten auseinandersetzt, desto positiver und stärker ist das Signal an die Suchmaschine."[7]

---

[4] http://www.wirtschaftslexikon24.com/d/scoring-modell/scoring-modell.htm
[5] Vgl. Meidel, Oliver.: Globales Webdesign, 3., essentials, DOI 10.1007/978-3-658-04088-8_1, Springer Gabler Wiesbaden 2014, S. 3
[6] Vgl. Keßler, Rabsch, Mandic: Erfolgreiche Websites, 4. Aktualisierte und erw. Auflage 2019, Rheinwerk Verlag Bonn 2019, S. 96-103
[7] https://www.seo-kueche.de/lexikon/content/

2.1.1 Textlicher Content

So gut wie keine Website kommt ohne textlichen Inhalt aus. Der Text sollte unter Beachtung einer guten Wortwahl in Form von Abschnitten, erläuternden Überschriften, Artikeln oder Blogbeiträgen die Besucher der Website informieren. Dabei ist insbesondere darauf zu achten, dass sowohl eine inhaltliche Tiefe als auch ein Mehrwert generiert wird. Texte die offensichtlich nur als Lückenfüller dienen und der Zielgruppe keinen Content liefern verprellen die Besucher und werden von Suchmaschinen abgestraft.

2.1.2 Bildhafter Content

Bilder, Videos und Grafiken lockern Texte auf und sprechen die Besucher einer Website optisch an. Die Einbindung sollte inhaltlich gut zur Website passen und nicht inflationär erfolgen. Auch hier gilt, die Customer Journey sollte zu einem angenehmen Erlebnis für den User führen. „Insbesondere Content wie Videos und Infografiken sorgen für hohe Interaktionsraten und längere Aufenthaltsdauer. Es empfiehlt sich also, diese nach Möglichkeit einzubinden. Auf die Vergabe von Alt-Tags, sinnvollen Bildtiteln und Beschreibungen für alle eingebundenen grafischen Inhalte ist zu achten, denn diese sind für Google auswertbar. Zudem ist es wichtig Bilder, Videos und Grafiken möglichst nur größenoptimiert auf die Website zu stellen, da langsame Ladezeiten durch die Suchmaschinen stark abgestraft werden. Denn letztlich möchte die Suchmaschine schnell möglichst relevanten Content für den Suchenden liefern."[8] Bildhafter Content ist gezielt eingesetzt in der Lage, Vertrauen in das Unternehmen bzw. den Anbieter der Dienstleistung bei Besuchern der Website zu wecken und Authentizität zu vermitteln.

2.2 Design

Der erste Eindruck ist ein entscheidender Moment. Diese Aussage ist insbesondere beim Aufruf einer Website zutreffend.[9] Die User aus der Zielgruppe der Website sollten sich idealerweise durch entsprechend gestaltete Designelemente angesprochen fühlen und gerne auf der Website verweilen und zur Aktivität animiert werden. Die Geschmäcker der Menschen sind sicherlich so unterschiedlich wie die Menschen selbst, doch können grundsätzlich die nachfolgenden Designaspekte die breite Masse der Website Besucher positiv beeinflussen.

2.2.1 Strukturierung

Die Struktur der Website sollte logisch und leicht durchschaubar sein. Mit Hilfe von eindeutig angeordneten Menüleisten und Inhaltsbereichen findet sich ein User und potenzieller Kunde gut zurecht. Die Strukturierung muss sicherstellen, dass das Anliegen der Website im Vordergrund steht und nicht unnötig von diesem abgelenkt wird.

2.2.2 Wahrnehmungsgesetze

Die Wahrnehmungsgesetze beschreiben, wie Dinge auf den Menschen wirken. Es existieren eine Vielzahl von Gesetzmäßigkeiten, drei werden folgend exemplarisch genannt und beschrieben:[10]

---

[8] https://www.seo-kueche.de/lexikon/content/

[9] Vgl. Thesmann S.: Interface Design, 2. Aktualisierte Auflage 2016, Springer Vieweg Verlag Wiesbaden, S. 5

[10] Vgl. Keßler, Rabsch, Mandic: Erfolgreiche Websites, 4. Aktualisierte und erw. Auflage 2019, Rheinwerk Verlag Bonn 2019, S. 505-506

- Nähe

Diese Gesetzmäßigkeit beschreibt das Elemente welche geringere Abstände haben und näher zu einander positioniert sind als zusammengehörig wahrgenommen werden. Das gilt bei Formularen und bei der Gruppierung von Elementen gleichermaßen.

- Einfachheit

Menschen bevorzugen einfache Darstellungen und Formen, daher ist beim Aufbau der Website auf Überflüssiges zu verzichten und die Konzentration auf das Wesentliche wichtig.

- Symmetrie

Symmetrische Elemente werden von Menschen eher zusammengehörig empfunden als Asymmetrische. Diese Gesetzmäßigkeit ist insbesondere bei Texten im Spaltenlayout zu berücksichtigen.[11]

2.2.3 Farben

Die Wahrnehmung von Farben unterliegt subjektiven Empfinden und ist damit nicht allgemein gültig vorzugeben. Farben können unterschiedliche Gefühle hervorrufen, daher ist im Vorfeld der Gestaltung einer Website auf die Farbwahl und auch die quantitative Auswahl der zu verwendenden Farben zu achten. So vermittelt rot gegebenenfalls Gefahr, wohin gehend blau einen eher seriösen und beruhigenden Eindruck macht. Wichtig ist ein guter zueinander passender Mix. Eine gute Lesbarkeit, erkennbarer Kontrast sowie die Berücksichtigung wie Menschen mit Seh- oder Farbschwäche die Website sehen, muss ebenfalls berücksichtigt werden.[12]

2.2.4 Typografie

Die Typografie einer Website ist ebenfalls ein wichtiger Designaspekt. Die Konsistenz in Bezug auf Schriftart und Schriftgröße ist sehr wichtig, da ansonsten eine gewisse Unruhe oder möglicherweise ein unseriöser Eindruck vermittelt wird. Die Wirkung der Texte auf einer Website kann durch die Wahl der Schriftart beeinflusst werden. Es ist zu berücksichtigen, dass die unterschiedlichen Browser einige Schriftarten gegebenenfalls unterschiedlich darstellen, daher sollte die Wahl auf die sogenannten websicheren Schriftarten fallen. Hier sind vorrangig die Schriftarten Times, Arial, Courier und Verdana zu nennen. Das Hervorheben einzelner Bereiche in den Texten ist eine weitere Möglichkeit, sie sollte aber wohldosiert eingesetzt werden.[13]

---

[11] Vgl. Keßler, Rabsch, Mandic: Erfolgreiche Websites, 4. Aktualisierte und erw. Auflage 2019, Rheinwerk Verlag Bonn 2019, S. 507-511
[12] Vgl. Keßler, Rabsch, Mandic: Erfolgreiche Websites, 4. Aktualisierte und erw. Auflage 2019, Rheinwerk Verlag Bonn 2019, S. 514
[13] Vgl. Keßler, Rabsch, Mandic: Erfolgreiche Websites, 4. Aktualisierte und erw. Auflage 2019, Rheinwerk Verlag Bonn 2019, S. 514-515

2.3 Usability

Was genau versteht man unter dem Begriff Usability? „Usability leitet sich aus dem Englischen ab und bedeutet Benutzerfreundlichkeit. Das heißt, dass ein Softwareprodukt wie z.B. eine Website auf die Bedürfnisse des Users zugeschnitten sein sollte. Die ISO Norm 9241-11 definiert den Begriff Usability folgendermaßen: „Usability bezeichnet das Ausmaß, in dem ein Produkt durch bestimmte Benutzer in einem bestimmten Nutzungskontext genutzt werden kann, um bestimmte Ziele effektiv, effizient und mit Zufriedenheit zu erreichen. Vereinfacht ausgedrückt ist hiermit die intuitive Benutzbarkeit gemeint. Der Internetnutzer verfolgt das Ziel, möglichst schnell (= effizient), auf dem richtigen Weg (= effektiv) und in optisch ansprechender Umgebung (= zufrieden) das Produkt oder die Information zu erreichen."[14] Eine Vielzahl von Kriterien sind Bestandteil einer guten und userorientierten Benutzerfreundlichkeit. Vier dieser Aspekte werden im Rahmen Arbeit in den nächsten Abschnitten genannt und beschrieben: Navigation, Barrierefreiheit, Responsivität und Technische Aspekte.

2.3.1 Navigation

Eine übersichtliche und gute Navigation kann auf den ersten Blick Vertrauen schaffen und dem Besucher ein Gefühl für die Breite und Tiefe der Website vermitteln. Die Navigation einer Webseite hat vereinfacht erläutert drei konkrete Aufgaben für den Benutzer zu erfüllen:

- Anzeige zur Orientierung des Benutzers innerhalb einer Website.
- Darstellung des Gesamtangebots einer Website.
- Unterstützung bei der problemlosen Suche.

Die einzelnen Begriffe der Navigation müssen eindeutig sein, damit sich der User darunter auch etwas vorstellen und schnell zum gewünschten Ziel gelangen kann.[15]

2.3.2 Barrierefreiheit

Die Barrierefreiheit beschäftigt sich damit Anwendungen oder Webseiten so zu gestalten, dass Menschen mit körperlichen Einschränkungen diese trotzdem nutzen können. Mit teilweise sehr leichten und einfachen Anpassungen können allerdings nicht nur Menschen mit Behinderungen profitieren und die Website nutzen, sondern auch alle anderen Besucher. So können User mit Lese- oder Konzentrationsschwäche, Benutzer die veraltete Geräte verwenden oder auch Menschen die durch äußere Einflüsse wie zum Beispiel Lärm beeinträchtigt sind unterstützt werden. Texte und Formulare sollten so gestaltet werden, dass sie beim Vorlesen per Screenreader (Bildschirmlesesoftware) sinnvoll und verständlich sind. Die Inhalte der Website sollten so gestaltet sein, dass eine einfache Bedienung mit der Tastatur (Pfeiltasten) und ohne Mausnutzung möglich ist.[16]

---

[14] https://www.onpulson.de/lexikon/usability/
[15] Vgl. Keßler, Rabsch, Mandic: Erfolgreiche Websites, 4. Aktualisierte und erw. Auflage 2019, Rheinwerk Verlag Bonn 2019, S. 463
[16] Vgl. Keßler, Rabsch, Mandic: Erfolgreiche Websites, 4. Aktualisierte und erw. Auflage 2019, Rheinwerk Verlag Bonn 2019, S. 430-433

2.3.3 Responsivität

Unter Responsivität bei Webseiten versteht man die technische Möglichkeit zum Anpassen von Webseiten-Layouts an das Endgerät des Nutzers. Es ist sinnvoll, Websites mit einem responsiven Design zu versehen, da Bildschirmgröße und Auflösung von Gerät zu Gerät unterschiedlich sind. Texte und Navigationselemente sind in ihrem Design flexibel, um das beste Nutzererlebnis für unterschiedliche Endgeräte zu erzielen. Im Hinblick auf die Usability wird ein Responsivität durch die zunehmende Verbreitung von internetfähigen Smartphones und Tablet-PCs immer wichtiger.[17] Waren im Jahr 2015 nur 54% aller Internetnutzer in Deutschland mobil im Netz unterwegs, so erreichte der Wert in 2020 bereist die 80% Marke. Bereits 2018 wurde mehr mit Smartphones im Internet gesurft als mit PC oder Laptop.[18] Schon daran lässt sich die enorme Wichtigkeit ablesen, Webseiten für die Darstellung aller zur Auswahl stehenden Endgeräte zu optimieren.

2.3.4 Technische Aspekte

Bei den technischen Aspekten sind insbesondere die Ladezeiten einer Website zu erwähnen. Lange Ladezeiten verärgern den Besucher und lassen ihn schnell die Website verlassen. Darüber hinaus spielt auch für Google als Suchmaschine die Ladezeit eine wichtige Rolle und beeinflusst das Ranking entsprechend. Mit diversen Tools lassen sich Webseiten testen und es werden sogar konkrete Hinweise zur Optimierung gegeben.[19]

2.4 Suchmaschinenoptimierung

„Die Suchmaschinenoptimierung (engl. search engine optimization; Kurzform: SEO) ist neben bezahlter Suchmaschinenwerbung ein Teil des Suchmaschinenmarketings. Mit Hilfe der Suchmaschinenoptimierung können Websitebetreiber ihren Internetauftritt im Hinblick auf relevante Suchbegriffe für allgemeine Suchmaschinen optimieren und so ihre Position im Ranking verbessern. Hierzu werden die Websites auf ihre Suchmaschinentauglichkeit überprüft und die für ein gutes Ranking ausschlaggebenden Kriterien überarbeitet."[20] Doch welche Kriterien sind wichtig, um eine gute Positionierung bei den Suchergebnissen der Suchmaschinen zu erreichen. Fünf Bereiche lassen sich grob unterscheiden:

1. Nutzererfahrung, sie umfasst im weitesten Sinne die Zufriedenheit der User mit einer Website. Diese Zufriedenheit kann zum Beispiel über die Verweildauer oder die Absprungrate gemessen werden.
2. Inhalte, Content is King ist ein beliebter Ausspruch. Qualitativ gute Inhalte können mit Hilfe von Algorithmen ausgelesen und analysiert werden.
3. Technisches SEO, dabei geht es im Besonderen um HTML-Quellcode und die Linkstruktur der Website. Die Geschwindigkeit mit der eine Website geladen wird und das sichere Ausliefern der Website mithilfe des HTTPS-Protokoll sind weitere technische SEO-Aspekte.

---

[17] Vgl. https://onlinemarketing.de/lexikon/definition-responsive-design
[18] Vgl. https://de.statista.com/statistik/daten/studie/633698/umfrage/anteil-der-mobilen-internetnutzer-in-deutschland/
[19] Vgl. Keßler, Rabsch, Mandic: Erfolgreiche Websites, 4. Aktualisierte und erw. Auflage 2019, Rheinwerk Verlag Bonn 2019, S. 504-505
[20] https://www.onlinemarketing-praxis.de/glossar/suchmaschinenoptimierung-seo

4. Navigationsstruktur, ist ein wichtiger Aspekt bei der Bedienung der Website und hat außerdem Einfluss auf das Ranking der Seite.
5. Externe Links, mit guten und Content bezogenen Verlinkungen können das Ranking ebenfalls positiv beeinflussen, obwohl die Bedeutung dieses Kriteriums in den letzten Jahren etwas abgenommen hat.[21]

Zur Analyse und Bewertung der jeweiligen SEO-Kriterien gibt es eine Vielzahl von Programmen. Konkrete Verbesserungsvorschläge lassen sich ebenfalls mit Unterstützung der nützlichen Tools ausarbeiten bzw. entnehmen. SEO ist ein kontinuierlicher Prozess, der regelmäßig für eine Website zur Anwendung kommen sollte.

3 Methodik zur Erstellung des Scoring-Modell

Die Erstellung eines Scoring-Modell erfolgt schrittweise und kann folgendermaßen beschrieben werden:

1. Die zu befolgenden Ziele/Kriterien müssen zusammengestellt und konkretisiert werden. Die Ziele sollten überschneidungsfrei sein, um zu vermeiden, dass ein Aspekt, der in mehreren Zielen erfasst wird, zu stark gewichtet wird. Das Zielsystem sollte überschaubar bleiben (siehe Kapitel 2 dieser Arbeit).

2. Die Zielsetzungen sind zu gewichten. Die Gewichtung sollte durch Abstimmung zwischen mehreren Personen erfolgen, damit eine sonst erheblich vorhandene Subjektivität vermindert wird. Ggf. sind ergänzend Gewichtungen zu Unterkriterien zu erstellen

3. Es ist eine Bewertungsskala festzulegen (z.B. 1 bis 100 Punkte), die für alle Kriterien verwendet wird.

4. Die gewichtete Gesamtpunktzahl wird ermittelt.[22]

Die Bewertungsskala wird im Rahmen dieser Arbeit wie folgt festgelegt:

Anforderungen sehr gut erfüllt	100 - 92	Punkte
Anforderungen gut erfüllt	unter 92 - 81	Punkte
Anforderungen befriedigend erfüllt	unter 81 - 67	Punkte
Anforderungen noch ausreichend erfüllt	unter 67 – 50	Punkte
Anforderungen mangelhaft erfüllt	unter 50 – 30	Punkte
Anforderungen ungenügend erfüllt	unter 30 – 0	Punkte

Mithilfe einer zu erstellenden Exceltabelle kann eine systematische und übersichtliche Bewertung erfolgen (siehe Abbildung 2 Kapitel 4 dieser Arbeit).

---

[21] Vgl. Keßler, Rabsch, Mandic: Erfolgreiche Websites, 4. Aktualisierte und erw. Auflage 2019, Rheinwerk Verlag Bonn 2019, S. 202-205
[22] Vgl. http://www.wirtschaftslexikon24.com/d/scoring-modell/scoring-modell.htm

4 Bewertung der Website

Die Website wird anhand der festgelegten Bewertungskriterien bewertet und die jeweiligen Ergebnisse in die jeweiligen Eingabefelder der Exceltabelle eingetragen. Es empfiehlt sich, die Gründe, welche zu den einzelnen Bewertungen geführt haben separat zu dokumentieren, um im Anschluss Optimierungsbereiche darstellen und ggf. eine SWOT Analyse durchführen zu können.

Bewertungskriterien	Gewichtung Ebene			Bewertung max. 100 Punkte	Ergebnis
	1	2	3		
1 Content	25%				15
1,1 Textlicher Content		60%		60	36
1.2 Bildhafter Content		40%		60	24
2 Design	25%				20,5
2.1 Strukturierung		35%		90	31,5
2.2 Wahrnehmungsgesetze		15%			13,0
Nähe			30%	90	27
Einfachheit			40%	85	34
Symmetrie			30%	85	25,5
2.3 Farben		25%		80	20
2.4 Typografie		25%		70	17,5
3 Usability	25%				19,6
3.1 Navigation		35%		80	28
3.2 Barrierefreiheit		15%		95	14,25
3.3 Responsivität		35%		90	31,5
3.4 Technische Aspekte		15%		30	4,5
4 Suchmaschinenoptimierung	25%	100%			10,3
Nutzererfahrung			30%	30	9
Inhalt			40%	50	20
Technisches SEO			30%	40	12
Summe	100%				65

Abbildung 2: Bewertungsmatrix für die Website www.beviable.de

4.1 Ergebnisse der Website-Analyse

Die Feststellungen in den einzelnen Bewertungskriterien werden nachfolgend in einer textlichen Darstellung in aller Kürze ausgeführt

Content

Textlicher Content: Der Informationsgehalt auf der Startseite von beviable.de ist überschaubar. Erst auf den Unterseiten werden die angebotenen Leistungen ausführlicher und gehaltvoll beschrieben. Es fehlt auf der Startseite der zündende Funke, warum sich die Zielgruppe für eine Dienstleistung von Beviable entscheiden sollte. Die Zielgruppe wird aus dem Content nicht klar und eindeutig ersichtlich. Der Blog ist mit zwei Beiträgen sehr dürftig.

Bildlicher Content: Es sind vertrauensweckende und sympathisch anmutende Bilder der beiden Hauptakteure von Beviable Business Transformation platziert. Leider fehlen Video oder gesprochene Inhalte völlig, welche aber zur Zielgruppenansprache sehr hilfreich wären.

Design

Strukturierung: Gute und einfache Struktur der Website. Der Besucher findet sich gut zurecht und die Seite wirkt nicht zu überladen.

Wahrnehmungsgesetze: Die Kriterien Nähe, Einfachheit und Symmetrie werden gut berücksichtigt und auf der Website angewendet.

Farben: Angenehme Farbwahl mit zueinander passenden und in der Anzahl gut dosierten Farben. Die Lesbarkeit leidet aufgrund der nicht optimalen Kontraste auf der Startseite und den Über uns Seiten.

Typografie: Es wurde ´generell eine gute Schriftart und Größe gewählt. Auf den Über uns Seiten sind unterschiedliche Schriftarten und Größen eingestellt, was zu einer gewissen Unruhe auf den Seiten führt.

Usability

Navigation: Einfache und eindeutige Navigation. Der Besucher kann jederzeit erkennen, wo er sich befindet. Page-up Pfeile erleichtern die Rückkehr an den Seitenanfang. Gute Anzahl von Call to Action Button auf den Seiten. Es ist keine Suchfunktion vorhanden.

Barrierefreiheit: Die Website lässt sich mit entsprechenden Hilfsmittel, zum Beispiel VoiceOver gut ohne Maus bedienen und vorlesen.

Responsivität: Die Website ist optimiert für die Nutzung von Desktop PC, Laptop, Tablet und Smartphone.

Technische Aspekte: Die Antwortzeit der HTML-Seite ist mit 3,72 Sekunden extrem langsam. Ein angepeiltes Ziel sollten 0,4 Sekunden sein. Suchmaschinen-Crawler können sonst Inhalte nicht so schnell aufnehmen und auch Besucher erwarten eine schnelle Webseite. Die Prüfung erfolgte mit der freien Software Seobility SEO Check.

Suchmaschinenoptimierung

Nutzererfahrung: Die Verweildauer wurde mit Google Analytics in einem Zeitraum von drei Monaten gemessen und ist mit durchschnittlich 19 Sekunden deutlich zu kurz.[23]

Inhalte: Einige Wörter aus dem Seitentitel werden nicht im Text bzw. Inhalt der Seite verwendet. Der Inhalt ist mit 350 Wörtern etwas kurz. Eine gute Seite zu einem Thema sollte Text mit etwa 1.000 Wörtern enthalten.

Technisches SEO: Die Website lädt 9 Javascript Dateien, dies kann die Ladezeit negativ beeinträchtigen. Die Webseite lädt 9 CSS Dateien, dies kann die Ladezeit negativ beeinträchtigen. Die HTML-Seite sollten mittels GZip Komprimierung übertragen werden.

Navigationsstruktur: Die Überschriftenstruktur ist fehlerhaft. Es sollte keine Hierarchie (H1-H6) ausgelassen werden. Einige Überschriften haben keinen Inhalt.

Externe Links: Die Seite wird nur wenig von anderen Webseiten verlinkt.

Anhand der durchgeführten Bewertung für die Website www.beviable.de konnte eine SWOT Analyse durchgeführt werden.

SWOT Analyse Website www.beviable.de

Stärken (Strengths)	Schwächen (Weaknessess)
Authentischer bildhafter Content	Zielgruppe nicht eindeutig erkennbar
Gute und einfache Sttruktur der Website	Content auf Startseite zu gering
Barrierefreiheit und Responsivität der Website	Ladezeiten der Website und weitere technische Aspekte
Blogfunktion ist vorhanden	Website ist nicht für Suchmaschinen optimiert
Angebot von zeitgemässen Online Dienstleistungen	Kontrast- und Schriftprobleme
Chancen (Opportunities)	**Risiken (Threats)**
Nutzung von Video und Sprache zum weiteren Vertrauensaufbau für Interessenten	Es ist kein Impressum auf der Website verlinkt bzw. hinterlegt.
Usability kann durch Verbesserung der Ladezeit und einer Suchfunktion weiter verbessert werden	

Abbildung 3: SWOT Analyse für die Website www.beviable.de

---

[23] Vgl. https://www.seonative.de/verweildauer-seo/

4.2 Optimierungsmöglichkeiten für die ermittelten Problembereiche der Website

In allen ausgewählten Kriterien konnten Problembereiche identifiziert werden, die eine Anpassung der Website erforderlich machen.

4.2.1 Handlungsempfehlung für den Bereich Content

Die Startseite ist hinsichtlich Zielgruppenansprache und Leistungsangebot zu überarbeiten. Es muss auf den ersten Blick erkennbar sein, wofür Beviable steht und warum der Besucher sich für Leistungen von Beviable entscheiden sollte. Der Blog ist aktuell zu halten und regelmäßig mit Beiträgen zu erweitern. Begleitende Videos sowie gesprochene Inhalte durch die beiden sympathisch wirkenden Hauptakteure sollten die Website anreichern und für mehr persönlichen Inhalt sorgen.

4.2.2 Handlungsempfehlung für den Bereich Design

Die Kontrastprobleme auf der Startseite sowie die unterschiedlichen Schriftarten und Größen auf den Über Uns Seiten sollten korrigiert werden.

4.2.3 Handlungsempfehlung für den Bereich Usability

Eine Suchfunktion sollte auf der Website ergänzt werden und die Ladezeit der HTML Seite deutlich verbessert werden.

4.2.4 Handlungsempfehlung für den Bereich Suchmaschinenoptimierung

Die komplette Website ist hinsichtlich SEO zu überarbeiten. Hierzu ist es empfehlenswert, die einzelnen Hinweise aus der SEO Analyse zum Beispiel mit der freien Software Seobility SEO Check zu berücksichtigen und die vorgeschlagenen Anpassungen vorzunehmen. Insbesondere die SEO-Verbesserungsvorschläge im Bereich Inhalt und Technisches SEO sind umzusetzen, um die Verweildauer und damit die User Zufriedenheit und letztendlich den Erfolg sicherzustellen.

5 Kritische Betrachtung

Das Scoring-Modell gehört zu den qualitativen Analysemethoden, die eine systematische Bewertung im nicht-monetären Bereich ermöglicht. Die Systematik birgt allerdings auch mögliche Risiken oder Nachteile. So können inhaltliche Probleme entstehen, zum Beispiel bei der Auswahl und Vollständigkeit der Kriterien. Ein kritischer Punkt ist ebenfalls die Gewichtung der Kriterien, hier besteht die Gefahr, dass subjektive Eindrücke zu (Fehl)Einschätzungen führen. Problematisch ist zu erwähnen, dass mehrere Entscheidungsträger mit unterschiedlichen Präferenzen vorhanden sind und daraus resultierend keine Einigung erzielt werden kann. Darüber hinaus muss kritisch festgestellt werden, dass überschneidende, voneinander abhängige Kriterien möglich sind.

Im konkreten Fall der Bewertung der Website www.beviable.de fehlt die Vergleichbarkeit mit einer Alternative. Diese Vergleichbarkeit würde ein Benchmarking ermöglichen und einen zusätzlichen Hinweis auf die Qualität der Website liefern. Die Differenzierung der Muss- und Kann-Kriterien erfolgte nach subjektivem Empfinden durch den Autor dieser Arbeit.

6 Fazit

Die Analyse der Website mit Hilfe eines Scoring Modell schafft einen guten Überblick über die verschiedensten relevanten Bereiche. Durch die systematische Betrachtung und Dokumentation können Optimierungspotentiale ermittelt und Handlungsempfehlungen abgeleitet werden. Für die qualitative Verbesserung der Website ist die Methodik ein hilfreiches Instrument. Nachdem die Handlungsempfehlungen umgesetzt wurden, ist eine erneute Bewertung empfehlenswert. Insbesondere das Themenfeld Suchmaschinenoptimierung ist keine einmalige Maßnahme, sondern erfordert eine regelmäßige Prüfung und Pflege.

Generell sollte das Unternehmen Beviable Business Transformation prüfen, die angebotenen Leistungen zur besseren Fokussierung auf eine Zielgruppe, weiter einzugrenzen und konkreten Mehrwert auf den ersten Blick innerhalb der Startseite aufzuzeigen.

7 Ausblick

Im Zuge der fortschreitenden Digitalisierung werden die Ansprüche der Interessenten und Kunden in Bezug auf Inhalte, Erreichbarkeit und Usability weiter steigen. Wer in der digitalen Welt weiter bestehen will, muss für Begeisterung und eine eindrucksvolle Customer Journey sorgen. Insbesondere, wenn der Vertriebskanal eines Unternehmens schwerpunktmäßig das Internet ist, muss die Website eines Unternehmens im Hinblick auf Qualität und Performance im Besonderen berücksichtigt werden.

Das vom Unternehmen Beviable Business Transformation angebotene Online Mentoring ist derzeit bei Wettbewerbern noch keine gängige Dienstleistung, dort legt man den Fokus aktuell noch auf Mentoring in Präsenzform. Aufgrund der zunehmenden Digitalisierung, den Erfahrungen in der aktuellen Corona Pandemie mit Kontakt- und Reiseeinschränkungen ist mit einer zunehmenden Akzeptanz dieses Dienstleistungsangebots zu rechnen.

Quellenverzeichnis   Seite

Buchquellen   :

Meidel, Oliver.: Globales Webdesign, 3., essentials, DOI 10.1007/978-3-658-04088-8_1,
Springer Gabler Wiesbaden 2014, S. 3 3

Keßler, Rabsch, Mandic: Erfolgreiche Websites, 4. Aktualisierte und erw. Auflage 2019,
Rheinwerk Verlag Bonn 2019, S. 96-103 3

Thesmann S.: Interface Design, 2. Aktualisierte Auflage 2016, Springer Vieweg Verlag
Wiesbaden, S. 5 4

Keßler, Rabsch, Mandic: Erfolgreiche Websites, 4. Aktualisierte und erw. Auflage 2019,
Rheinwerk Verlag Bonn 2019, S. 505-506 4

Keßler, Rabsch, Mandic: Erfolgreiche Websites, 4. Aktualisierte und erw. Auflage 2019,
Rheinwerk Verlag Bonn 2019, S. 507-511   S. 514-515.. 5

Keßler, Rabsch, Mandic: Erfolgreiche Websites, 4. Aktualisierte und erw. Auflage 2019,
Rheinwerk Verlag Bonn 2019, S. 430-433   S. 463 6

Keßler, Rabsch, Mandic: Erfolgreiche Websites, 4. Aktualisierte und erw. Auflage 2019,
Rheinwerk Verlag Bonn 2019, S. 504-505 7

Keßler, Rabsch, Mandic: Erfolgreiche Websites, 4. Aktualisierte und erw. Auflage 2019,
Rheinwerk Verlag Bonn 2019, S. 202-205 8

Internetquellen:

https://de.statista.com/statistik/daten/studie/36146/umfrage/anzahl-der-internetnutzer-in-deutschland-seit-1997/ abgerufen am 21.3.2021 1

https://www.wissenschaft.de/technik-digitales/die-entwicklung-des-internets/ abgerufen am 21.3.2021 1

https://beviable.de/ abgerufen am 21.3.2021 2

http://www.wirtschaftslexikon24.com/d/scoring-modell/scoring-modell.htm abgerufen am 21.3.2021 3

https://www.seo-kueche.de/lexikon/content/ abgerufen am 22.3.2021 3

https://www.seo-kueche.de/lexikon/content/ abgerufen am 22.3.2021 4

https://www.onpulson.de/lexikon/usability/ abgerufen am 21.3.2021.. 6

https://onlinemarketing.de/lexikon/definition-responsive-design abgerufen am 22.3.2021 7

https://www.onlinemarketing-praxis.de/glossar/suchmaschinenoptimierung-seo abgerufen am 22.3.2021 7

http://www.wirtschaftslexikon24.com/d/scoring-modell/scoring-modell.htm abgerufen am 22.3.2021 8

https://www.seonative.de/verweildauer-seo/ abgerufen am 22.3.2021... 11

BEI GRIN MACHT SICH IHR WISSEN BEZAHLT

- Wir veröffentlichen Ihre Hausarbeit,
  Bachelor- und Masterarbeit

- Ihr eigenes eBook und Buch -
  weltweit in allen wichtigen Shops

- Verdienen Sie an jedem Verkauf

Jetzt bei www.GRIN.com hochladen
und kostenlos publizieren